Impara l'italiano leggendo e divertendoti !

Re Kimi e il suo branco

Piccole storie di un cagnolino coraggioso

Corinne Maiocchi: testo e attività didattica

Hans Georg Aenis: illustrazioni

© 2024 Corinne Maiocchi / Hans Georg Aenis

2. überarbeitete Auflage, coloriert

Layout: Stefan Reber

Herstellung und Verlag: BoD – Books on Demand, Norderstedt

ISBN: 978-3-7568-2004-7

Per la mia amata nonna

Capitoli

1
Un cane di nome Kimi

Mi chiamo Kimi. Anzi, Re Kimi, perché **sono** un cane di razza. **Ho** 8 anni, **peso** 6 chili e sono alto 32 centimetri. Sì, sono piccolino, ma il mio coraggio è più grande di quello di tutti i cani del mondo. Non ho paura né dei Rottweiler né dei lupi. Io sono come Napoleone, solo a quattro zampe.

Vivo in un branco simpatico, ma siccome tutti (eccetto me) hanno solo due piedi, **chiamo** il branco la mia famiglia:

C'è mio fratello Vincenzo.

C'è mia madre Adelina.

C'è mio padre Emilio.

E **ci sono** i due porcellini d'India Tom e Jerry (ma quelli non hanno né piedi né zampe, ma 16 artigli ognuno).

Tutti noi **abitiamo** in un piccolo paese in mezzo a prati, boschi e fiumi. Sono un cane fortunato: **faccio** delle lunghe passeggiate, **ricevo** ogni giorno un osso fresco, Vincenzo e Emilio **giocano** a lungo con me, e Adelina mi fa le carezze.

Ed è fortunata la mia famiglia, perché c'è un cane straordinario come me in casa!

Se siete diventati curiosi e se volete saperne di più sul mio conto, fate gli esercizi seguenti e continuate a leggere.

Re Kimi

Emilio

Vincenzo

Adelina

Tom

Jerry

Attività di lavoro

1. Quale osservazione è giusta?

Kimi è un re perché

a) è un bastardino.

b) è un cane di razza.

c) è alto 34 centimetri.

Kimi è più coraggioso di

d) tutti i lupi.

e) Napoleone.

f) tutti i cani del mondo.

Kimi ha un fratello che si chiama:

g) Emilio

h) Vincenzo

i) Leandro

Kimi vive

j) con una famiglia di esseri umani.

k) con un branco di lupi.

l) con altri cani in un canile.

2. Cercasi i verbi

Cerca l'infinito di tutti i verbi (segnalati) nel testo e coniugali al presente. Cerca di fare una breve frase con ciascun verbo.

3. Rispondi alle domande seguenti:

a) Chi è Kimi? ....

b) Chi sono Adelina, Vincenzo ed Emilio?.................
   ....

c) Chi sono Tom e Jerry?...

d) Cosa ama fare Kimi? ....

e) Dove abitano?...

f) Ami i cani o gli animali in generale? ....

g) Racconta perché hai un animale in casa o perché no.
   ....

2
Il mio letto preferito

Nella nostra casa ci sono tanti letti:

un letto singolo per Vincenzo,

un letto matrimoniale per Adelina ed Emilio

e sette letti grandi e piccoli per me!

I lettini si trovano in cucina, in salotto, in bagno e sul balcone. Inoltre c'è il divano che è anche molto morbido. E naturalmente **dormo** anche sui letti degli esseri umani. Perché quelli sono ancora più caldi e comodi dei miei.

Il mio letto preferito è quello di Adelina ed Emilio, perché oltre a essere caldo e comodo è anche molto grande. E naturalmente dormo in mezzo, fra Adelina ed Emilio. Così li posso **proteggere** meglio. Non si sa mai, cosa succede nella notte: ci possono essere gli spiriti, i ladri e i brutti sogni.

Almeno così **dice** Vincenzo, e perciò **viene** anche lui nel letto matrimoniale e dormiamo tutti e quattro sullo stesso materasso.

Ma con un cane che **russa** forte tutta la notte, niente e nessuno ha il coraggio di entrare nella stanza!

Attività di lavoro:

1. **Coniuga i verbi segnalati al presente e fai una frase con ciascuno.**

2. **Cerca tutte le parole che hanno a che fare con la casa:**

la cucina.....

3. **Vero o falso:**

a) Kimi ha solo un piccolo letto scomodo e freddo.

b) Vincenzo dorme in un letto singolo.

c) Adelina ed Emilio dormono in un letto matrimoniale.

d) Kimi dorme nel letto matrimoniale per non avere paura.

e) Vincenzo ha paura dei ladri e degli spiriti.

4. **Rispondi alle domande seguenti:**

a) Che cos' è un brutto sogno? ....

b) Come dormi? ....

c) Quali mobili ci sono nella tua camera da letto? ....
   ....

d) Quante ore dormi normalmente? ....

e) Leggi a letto? ....

f) Russi? 😉 ....

3
In cucina

Un cane mangia normalmente due volte al giorno. È poco, ragazzi, è troppo poco.

Così **preferisco** stare in cucina durante il giorno. E sapete perché?

Esatto! Perché c'è sempre qualcosa che cade, mentre Adelina prepara i pasti. Quando Emilio fa il cuoco cade ancora di più. E se Vincenzo è in cucina dividiamo tutto:

un pezzo di formaggio

una fetta di prosciutto

qualche briciola

un pezzettino di vitello

un dado di manzo

due noccioline

una leccata di gelato

Ma quando non trovo niente e nessuno in cucina, rubo anche le carote e il prezzemolo ai porcellini.

Poi Adelina brontola: "Guardate questo cane! Diventa sempre più tondo! Bisogna smettere subito di dargli da mangiare!"

Cosa significa subito? È forse un tempo molto lontano nel futuro? Perché mentre lo dice, Adelina mi **porge** un altro pezzo di carne delizioso.

Attività di lavoro

1. Ricordi che cosa divide Vincenzo con Kimi?

2. Cerca le quantità che mancano:

g)   un.. di vino rosso

h)   una.. d'acqua minerale

i)   un.. di burro

j)   un.. di latte

k)   un.. di tonno

l)   una.. di Coca

3. Qual è l'infinito dei verbi "porge" e "preferisco"? Li sai coniugare e farne una frase?

4. Trova la risposta alle domande seguenti!

a)   Quante volte al giorno mangia un cane?...............

b)   Quante volte al giorno mangiate voi?...................

c)   Come si chiama il primo pasto del giorno? ....

d)   Come si chiamano il secondo e il terzo pasto? ......
....

e)   Qual è il vostro piatto preferito?............................

f)   Chi è il capocuoco a casa vostra?...........................

4   La passeggiata

Amo le passeggiate nel bosco e lungo il fiume. Voglio bene anche ai fiori e agli alberi, soprattutto come posto in cui alzare la gamba.

Sono veloce come Kimi Räikkönen (che è un pilota della formula 1) e mi piace molto correre. Purtroppo Adelina è lenta come una lumaca e se mi tiene al guinzaglio, pensate voi che noia!

Ma qualche volta Adelina dimentica di mettermi il guinzaglio e io sono libero come il vento. Do la caccia ai gatti, alle volpi e ai tassi. Mi piace anche entrare nella tana della volpe, ma purtroppo la volpe non la prendo mai, prendo solo mille pidocchi.

E se dopo la caccia torno da Adelina, lei è sempre molto arrabbiata e brontola: "Stupido cane, è un'ora che ti aspetto e adesso devi anche fare la doccia, mamma mia, sei pieno di pidocchi!"

A casa poi mi fa la doccia con lo shampoo e continua a chiamarmi stupido cane. Allora la guardo con i miei occhi fedeli e lei finalmente sorride e dice: "Sei sempre il mio amato tesoro!"

Ed io penso: pazienza, è sempre meglio fare la doccia che fare il bagno. E prima o poi questa volpe me la prendo. Perché non sono uno stupido cane, ma un re in carne e ossa!

Attività di lavoro

1. Finisci le frasi seguenti:

a) Amo ....

b) Mi piace ....

c) Mi piacciono ....

d) Voglio bene a ....

2. Quale osservazione è giusta?

Kimi Räikkönen è

a) un pidocchio veloce.

b) un pilota della formula 1.

c) un buon amico di Kimi.

A Kimi piacciono i fiori e gli alberi

d) perché hanno dei bei colori.

e) perché ci fa la pipi sopra.

f) perché ama la bellezza della natura.

Se Kimi non è al guinzaglio

g) va a caccia.

h) gioca con le volpi.

i) fa amicizia con i gatti e i tassi.

Quando Kimi torna dopo la caccia:

j) Adelina è tutta felice.

k) Adelina è arrabbiata.

l) Adelina non c'è più.

3. Formula la domanda adatta:

esempio: **Kimi** entra nella tana della volpe. **Chi** entra nella tana della volpe?

a) Kimi entra **nella tana della volpe**.

b) Kimi **entra** nella tana della volpe.

c) Adelina deve aspettare Kimi, **perché va a caccia**.

d) Adelina deve aspettare **un'ora**.

4. Conversazione:

• Ti piace passeggiare? Dove? Quando?

• Ti piacciono gli animali selvatici? Quali vedi durante le tue passeggiate?

• Ti piace fare il bagno? Nella vasca? Nel mare?

• Dove ti piace passare le vacanze?

5
La valigia di Adelina

Partire per le ferie è sempre bello. Fare la valigia però mi sembra un brutto lavoro. Per fortuna io non ho bisogno di quasi niente: collare e guinzaglio e via che sono pronto!

Ad Adelina, invece, serve tanta roba e tanto tempo per preparare la valigia. Per cominciare mette un sacco di vestiti sul letto:

Pantaloni, magliette, giacche, occhiali da sole, scarpe, calzini, pullover, spazzolino da denti. Poi guarda la montagna di roba e non è affatto contenta.

"Ma forse è meglio mettere i pantaloni più leggeri. E poi manca una gonna. Ma quale gonna metto? Quella nera o quella blu? Ma se metto la gonna, devo anche cambiare le scarpe. O metterne ancora un altro paio. Ma 7 paia di scarpe per due settimane forse è un numero un po' esagerato. Allora niente gonna. Ma se poi ho bisogno di qualcosa di elegante… Magari un vestito? Sì, un vestito è la soluzione migliore. Ma quale vestito? Tutti i miei vestiti sono orribili… Emilio, devo andare a fare shopping, non ho niente da mettermi!"

Alla fine Adelina va in cantina a prendere tre valigie grandi e le riempie tutte e tre!

"Amore, tre valigie solo per te? Ma hai messo tutto il tuo armadio?", domanda Emilio.

"No, tesoro, ho messo solo le cose più necessarie, tutto il resto è roba di Kimi, sai com'è quando un re va in viaggio", risponde Adelina e da un bacio a suo marito.

Il re ormai dorme, perché lo spettacolo può ancora durare a lungo.

Attività di lavoro

1. Metti l'articolo determinativo adatto:

a) .... pantaloni

b) .... magliette

c) .... giacche

d) .... occhiali da sole

e) .... scarpe

f) .... calzini

g) .... pullover

h) .... spazzolino da denti

i) .... valigia

2. Che cosa metti nella tua valigia se parti per le ferie?

3. Finisci la frase:

a) Ho bisogno di ....

b) Mi serve ....

c) Mi servono ....

d) Manca ....

e) Mancano..

4. **Rispondi alle domande seguenti:**

a) Perché Adelina ha bisogno di tanto tempo per fare la valigia?

b) Di quante valigie ha bisogno?

c) Cosa pensa Emilio quando vede le tre valigie?

d) Perché Kimi dorme?

e) Sei bravo a fare la valigia o sei come Adelina?

6
Mare o montagna?

Io odio il mare, allora la mia risposta a questa domanda è: MONTAGNA, MONTAGNA, MONTAGNA!

Purtroppo Emilio e Vincenzo sono al 100% per il mare, mentre Adelina, da classica donna, è un po' per la montagna e un po' per il mare e questo "un po'" cambia da un momento all'altro.

Allora ragazzi: indovinate dove si passano le vacanze quest'anno? Esatto, al mare. Ed ecco che cominciano i guai:

In spiaggia fa molto caldo e dato che non amo fare il bagno passo tutta la giornata sotto l'ombrellone ad ansimare e ad annoiarmi. L'unica cosa che posso fare è osservare i tanti altri cani antipatici sotto gli altri ombrelloni. Per fargli impressione e per fargli vedere che, nonostante le mie condizioni disperate, sono sempre il più grande di tutti, mi comporto **il peggio possibile** ringhiando e abbaiando come cinque Rottweiler. Naturalmente gli altri cani mi rispondono arrabbiati, e subito c'è un chiasso enorme sulla spiaggia.

"Adesso basta!", grida Emilio. "Se continui così non partiamo mai più per il mare con te."

Queste però sono buone notizie e così continuo a fare casino. Ormai tutta la spiaggia o grida o abbaia e c'è una confusione tremenda.

Finalmente Adelina mi prende in braccio e mi riporta al bungalow, dove passiamo un pomeriggio tranquillo: tutti e due all'ombra fresca e sulla sdraio comoda. E Adelina sospira: "Che bel silenzio, vero, tesoro? Le prossime vacanze le passiamo proprio in montagna."

La sera gli uomini tornano al bungalow, rossi come i pomodori. "Ma è possibile lasciarvi un pomeriggio da soli? Siete peggio di Kimi, anzi lui almeno non si scotta. L'anno prossimo andremo in montagna per la salute di tutti!", sgrida Adelina.

E questa volta lei non cambia più idea.

Attività di lavoro:

1. Quale osservazione è giusta?

a) Kimi ama il caldo e la spiaggia.

b) Kimi odia la montagna.

c) Kimi ama la montagna.

d) Kimi ama andare al mare e in montagna.

e) A Vincenzo ed Emilio piace il mare.

f) Ad Adelina piacciono il mare e la montagna.

g) Tutti i cani odiano il mare.

h) Kimi ama fare il bagno nel mare.

i) In spiaggia ci sono tanti cani e gatti.

j) Sotto ogni ombrellone c'è un Rottweiler.

k) Kimi si comporta come un vero re.

l) Kimi fa tanto rumore perché ha caldo e si annoia.

m) In spiaggia la gente mangia i pomodori.

n) Emilio e Vincenzo sono rossi come i pomodori.

o) Adelina e Kimi bevono il succo di pomodoro all'ombra.

p) All'ombra del bungalow Adelina e Kimi stanno molto bene.

q)   Kimi passa le prossime ferie in un canile.

r)   Le prossime vacanze tutta la famiglia va in montagna.

s)   Emilio vuole vendere il cane, prima di partire un'altra volta.

t)   Vincenzo e Kimi restano a casa e non vanno più al mare.

2. Qui manca la preposizione:

a)   Vado …….. mare.

b)   Kimi fa il bagno …….. mare.

c)   I cani preferiscono andare …….. montagna.

d)   ………ombra del bungalow si sta bene.

e)   Anche …….. l'ombrellone fa caldo.

f)   La famiglia parte ……… le ferie.

g)   La sera mangiano tutti ……. ristorante del campeggio.

3. Rispondi alle domande seguenti:

a)   Dove preferite passare le vacanze e perché?

b)   In quale stagione vi piace partire?

c)   Quante volte andate in ferie all'anno?

d)   Se passate la vacanza in spiaggia cosa fate tutto il giorno?

4. Descrivete con alcuni aggettivi la personalità di Kimi

7
L'osso perso

Lo sapete, io ricevo un osso fresco al giorno. Normalmente lo mangio subito. Ma succede che ho altro da fare e allora lo nascondo per mangiarlo più tardi. Ho tanti nascondigli:

Sotto i miei lettini

Dietro l'armadio di Adelina

Sulla poltrona di Emilio

Dentro il comò

In un calzino di Vincenzo

Sotto il piumino di Adelina

Nel portaombrelli

Il problema è che i nascondigli sono così tanti, che spesso non trovo più l'osso. Allora lo cerco in tutta la casa. Anche oggi lo sto cercando, ma è la prima volta che non lo trovo.

"Ma, Kimi, cosa stai cercando?", mi domanda Adelina e comincia a pulire la stalla dei porcellini d'India.

"Che domanda idiota", penso io, e continuo a cercare anche in bagno. Ad un tratto sento Adelina gridare:

"Ma cosa ci fa l'osso nella stalla dei porcellini?" E finalmente mi ricordo: avevo nascosto per la prima volta l'osso nella stalla, perché mi sembrava un nascondiglio sicuro. Purtroppo i porcellini sono mangioni come me e hanno rosicchiato mezzo osso.

I porcellini mi guardano e hanno il muso felice. Che stupidi che sono! Ma la prossima volta non gli rubo solo le carote e il prezzemolo, ma anche il ravanello e il finocchio.

Attività di lavoro

1. **Che tipi di verdure conosci?**

2. **Che tipi di carne ti vengono in mente?**

3. **Fa' una frase con le parole seguenti:**

a) Sotto

b) Dietro

c) Su

d) Dentro

e) In

4. **Conosci altre parole che indicano luogo o direzione?**

Trova la risposta alle domande seguenti:

a) Perché Kimi qualche volta nasconde l'osso?

b) Perché succede che non lo trova più?

c) La stalla dei porcellini è un buon nascondiglio?

d) Anche tu cerchi spesso delle cose smarrite?

e) Dove le ritrovi normalmente?

8
Il pollo nudo

Vicino a casa nostra c'è una grande fattoria con tanti
animali simpatici. (Eccetto il brutto cane da guardia, ma
quello lo sistemo io da vero Napoleone.)

Sui prati ci sono i cavalli e le mucche e un vecchio asino.

Nei recinti pascolano le capre e le pecore, mentre i maiali
fanno il bagno nel fango.

I due gatti del contadino vanno a caccia di topi e nel
pollaio i grassi polli fanno coccodè tutto il giorno.

Se io li guardo mi viene sempre una grande fame, ma è
naturalmente proibito servirsi da sé. Qualche volta
Adelina compra un pollo dalla contadina e lo mette nel
forno, ma a me non danno mai niente, perché gli ossi dei
polli fanno male ai cani.

Allora quel pollo che è fuori dal pollaio e che vuole
scoprire il mondo, me lo prendo in un secondo, anche se
non gli piace. Sgrida e svolazza e fa un grande chiasso.
Adelina cerca di aprire il mio muso e la contadina cerca di
prendere il pollo. Ci sono penne dovunque, e alla fine la
contadina salva il pollo. È vivo ma nudo e io, poveraccio,
sono senza pranzo.

Naturalmente Adelina si scusa tanto e vuole pagare il pollo. Ma la contadina non vuole i soldi. Ride e dice: "Meglio avere un pollo nudo che avere un pollo di meno!"

Andando a casa Adelina dice arrabbiata: "Se rubi ancora una volta un pollo, c'è anche un cane di meno!" Ma con i miei occhi fedeli mi faccio perdonare anche questa volta e Adelina continua: "Comunque, una gallina che vuole scoprire il mondo da sola è una gallina troppo ingenua. E tu hai fatto solo il tuo mestiere, e l'hai fatto anche molto bene, tesoro mio!"

Attività di lavoro

1. Quali animali ci sono alla fattoria?

Scrivi il singolare e il plurale e aggiungi un aggettivo adatto.

Per esempio: il cane da guardia cattivo

2. Vero o falso:

a) Kimi ha paura del cane da guardia.

b) Kimi trova gli animali simpatici, soprattutto i polli.

c) Kimi vuole giocare con il pollo.

d) Purtroppo la gallina è morta dopo l'attacco di Kimi.

e) Adelina deve pagare una fortuna per il pollo.

f) Adelina è cosi arrabbiata con Kimi, che lo vende alla contadina.

3. Crea delle domande per le risposte seguenti:

a) Kimi **ha fame**.

b) Il pollo vuole **visitare il mondo**.

c) I maiali fanno il bagno **nel fango**.

d) **Adelina** è arrabbiata, perché il pollo è senza penne.

e) In spiaggia Kimi fa **un grande casino**.

4. Quale animale manca?

a) La .... ci dà le uova.

b) La .... ci fornisce la lana.

c) Dal .... viene il prosciutto.

d) Il latte viene dalla ....

e) Il .... ci porta in giro.

f) Il .... mangia i topi.

g) Il .... protegge la fattoria.

9
Il mal di macchina...

.....è una malattia imbarazzante.

Vincenzo e io ne soffriamo tutti e due. In macchina stiamo
sul sedile posteriore e, se dobbiamo fare più di due curve,
ci viene la nausea. Dopo la terza curva poi la nausea è così
forte, che ha inizio il vomito. Vincenzo piange e grida e si
lamenta senza fine. Secondo me in macchina è un vero
rompiscatole. Anch'io mi sento male e anch'io devo
rimettere, ma da vero re accetto tutte queste sofferenze
senza lamentarmi.

"Ferma!", dice Adelina a Emilio che sta al volante. "Si
sono sporcati entrambi, devo pulirli."

"Basta che non abbiano sporcato la macchina", risponde
Emilio, ma naturalmente abbiamo sporcato tutto. E così
Adelina pulisce prima Vincenzo e poi me, ed Emilio
pulisce la macchina.

E mentre Adelina ci consola e ci coccola, dice: "Poveretti,
mi fate pena! Ma fra poco vi passa tutto!" Emilio guarda la
macchina e risponde: "A me invece fa pena la mia vecchia
Volkswagen, perché questi danni la rovinano per
sempre."

"Dai, amore, questo lo dici ormai da anni. E dopo una bella pulizia la tua amata macchina si riprende sempre a meraviglia."

E naturalmente Adelina ha ragione come (quasi) sempre e dopo il lavaggio la Volkswagen sembra tutta nuova. Almeno fino alla prossima terza curva…

Attività di lavoro:

1. **Quali sofferenze conosci oltre al mal di macchina?**

2. **Cosa fai, se hai dei dolori?**

3. **Quale medicina prendi contro:**

a)   la tosse

b)   il mal di gola

c)   il mal di testa

d)   il mal di schiena

e)   il mal di pancia

4. **Parliamo insieme!**

- Qual è il problema di Kimi e Vincenzo?
- Qual è il problema di Emilio?
- Come si comporta Vincenzo in macchina?
- Cosa deve fare Adelina dopo tre curve in macchina?
- Soffri anche tu il mal di macchina?

10
In treno

Fortunatamente non soffro il mal di treno. Ma in treno purtroppo per me c'è un altro problema, e questo problema si chiama: il sacco! Non sono contrario ai sacchi in generale, possono servire a tanto: a portare la spesa dalla Coop a casa, per esempio.

Ma se Adelina e io arriviamo alla stazione, so che il suo sacco di stoffa serve per un'altra cosa, cioè serve per me! Sappiate, che da noi i cani fino a sei chili viaggiano gratis nei mezzi pubblici. A patto che viaggino in un sacco! Visto che io peso solo cinque chili e ottocento grammi, Adelina, per risparmiare il biglietto, mi mette nel sacco prima di salire sul treno. Eh sì, lo so, è poco da re viaggiare così: mi mette nel sacco, come se fossi un grande pacco di carne macinata.

Mette tutto dentro: la coda, il corpo e le zampe. Meno male che lascia fuori almeno il mio muso per respirare e le mie orecchie per sentire le lodi degli altri passeggeri:

"Quanto è dolce questo cagnolino!", oppure, "Accidenti, che bravo cane che ha, signora!", o peggio ancora: "Che bel cucciolo!" Mamma mia, non sono un neonato, sono un re di 8 anni!

E Adelina, tutta fiera di me e di sé per il biglietto risparmiato, bisbiglia: "Tesoro, ti offro un secondo osso stasera."

E grazie a questo premio promesso, il re nel sacco continua a fare il bravo per tutto il viaggio.

Attività di lavoro:

1. Quali mezzi pubblici conosci?

2. Quali mezzi pubblici usi e perché?

3. Mancano le preposizioni:

f) I sacchi servono .... portare la spesa a casa.

g) Salgo ....autobus.

h) Scendo .... autobus.

i) Parto .... treno.

j) Adelina è fiera ....Kimi

k) I passeggeri sono sorpresi .... bravo cane.

l) Kimi continua ....viaggiare ....sacco.

4. Bugia o verità?

a) Purtroppo Kimi vomita anche in treno.

b) Se Adelina mette le proprie gambe in un sacco, viaggia gratis.

c) In treno la gente non deve fare il biglietto, se non pesa più di cinquanta chili.

d) Kimi fa pena agli altri passeggeri, perché deve viaggiare nel sacco.

e) Un sacco può servire a tante cose.

f) In treno Kimi fa il portoghese.

11
Il mostro

Adelina è molto brava a tenere la casa pulita e profumata. E il resto della famiglia è molto bravo a sporcarla. Perciò non passa giorno in cui Adelina non faccia le pulizie. Fortunatamente non è tutta sola, ma ha una marea di aiutanti:

La lavastoviglie per lavare i piatti.

La lavatrice per fare il bucato.

L'asciugatrice per asciugare i panni bagnati.

E purtroppo c'è anche il mostro per pulire il pavimento: il mostro è tanto brutto quanto pericoloso. Ha il corpo grande come un Rottweiler, ma ha solo due gambe corte e storte. Ha la proboscide lunghissima con la quale aspira tutto quello che c'è per terra:

Le briciole, la polvere, i trucioli e il fieno dei porcellini, i Lego di Vincenzo e persino i miei ossi ancora nascosti! Perciò sono in guerra con il mostro e appena Adelina comincia a passarlo lo attacco e mordo la proboscide.

"Smettila, stupido cane, è solo un aspirapolvere non mangia mica te, vai a cuccia!" Ma come posso andare a cuccia, se nel frattempo il mostro forse trova un altro osso mio e se lo mangia con un morso solo? Allora continuo a fare il Napoleone, abbaiando e mordendo con tutte le forze. Ad un tratto Adelina perde la pazienza, mi prende in braccio e finisco .... non all'isola d'Elba, ma sul balcone.

Quando Adelina ha finito di passare l'aspirapolvere lo rimette sul balcone e fa entrare me.

Ma io questa volta non la guardo con i miei occhi fedeli, perché sono davvero offeso. Un re non si mette sul balcone come un brutto mostro, no, questo non si fa! Vado su un lettino in un'altra stanza e non guardo Adelina, ma il muro.

"Tesoro mio, mi posso fare perdonare con un pezzetto di petto di pollo?", mi lusinga Adelina.

Certo che può, e così torniamo entrambi in cucina per fare la pace.

Attività di lavoro:

1. Vero o falso:

a) Il mostro è un animale gigante.

b) Il mostro è un elettrodomestico.

c) Kimi ha una paura tremenda dell'aspirapolvere e si nasconde sotto la poltrona.

d) Il balcone è il posto preferito di Kimi.

e) Kimi perdona subito Adelina di averlo messo sul balcone.

f) Napoleone è stato portato come prigioniero all'isola d'Elba.

g) Il pollo può essere simbolo della pace.

2. Che elettrodomestici usi?

3. Cerca il contrario:

a) La casa pulita

b) L'appartamento profumato

c) Le finestre bagnate

d) Il bagno nuovo

e) Lo scaffale polveroso

4. Facciamo conversazione:

- Ti piace pulire?

- Quali pulizie preferisci?

- Quante volte all'anno pulisci le finestre? 😉

- Cosa si può fare durante le pulizie per annoiarsi di meno?

12
L'amore…

…..è la cosa più bella del mondo. **Vale** per gli uomini quanto per gli animali. Per fortuna a casa nostra ce n'è tanto:

Io amo molto, molto Adelina, Vincenzo ed Emilio.

Adelina ama tanto me, Vincenzo, Emilio e i porcellini.

Emilio ama profondamente Adelina e Vincenzo. Poi, forse un po' meno, ama me e sicuramente ama molto meno i porcellini.

Vincenzo invece ama tutti con tutto il cuore.

E i porcellini amano il prezzemolo e il finocchio. Le carote vengono al terzo posto. **E pulendo** sempre la loro stalla, Adelina arriva al quarto.

Comunque, l'amore è una cosa importante come l'osso e il pollo, anzi forse lo è ancora di più. Perché l'amore è caldo, dolce e nutriente, anche se non lo mangiamo.

Qualche volta, mentre Adelina mi coccola, sospira:

"Quanto è bello stare in mezzo a così tanto amore! Sono veramente una donna fortunata!"

"Vero, siamo tutti fortunati qua dentro", risponde Emilio **sorridendo**, anche se Adelina parla con me.

Ma, siccome l'amore non **diminuisce**, ma si moltiplica quando viene diviso, posso anche essere generoso e lasciare a Emilio la sua parte.

Attività di lavoro:

1. **Cerca l'infinito dei verbi segnalati e cerca di coniugarli.**

2. **Qual è il contrario di diminuire?**
Fa' degli esempi con entrambi i verbi.

3. **Cosa ami più o meno?**
a) Amo ……. andare al cinema ….. andare a teatro.

b) Amo …… gli spaghetti …….. le lasagne.

c) Amo …….. la montagna……. il mare.

Preferisco:

d) gatto / cane

e) libri / televisione

4. **Rispondi alle domande seguenti:**
a) Come descrive Kimi l'amore?

b) Come descrivi tu l'amore?

c) Sei d'accordo con Kimi, che l'amore aumenta dividendolo?

d) Qual è la tua canzone d'amore preferita?

e) Quali canzoni d'amore italiane conosci e ti piacciono?

Kimi e il suo branco ti augurano tanto amore e
tutto il bene del mondo! Ciao, ciao!

Soluzioni

Capitolo 1

1. Quale osservazione è giusta?

b) / f) / h) / j)

2. Cercasi i verbi

chiamarsi / essere / avere / pesare / vivere / chiamare / esserci / abitare / fare / ricevere / giocare

Capitolo 2

1. Coniuga i verbi segnalati al presente e fai una frase con ciascuno.

dormire / proteggere / dire / venire / russare

2. Cerca tutte le parole che hanno a che fare con la casa:

il letto singolo, il letto matrimoniale, la cucina, il salotto, il bagno, il balcone, il divano, il materasso

3. Vero o falso:

a) F

b) V

c) V

d) F

e) V

Capitolo 3:

2. Cerca le quantità che mancano:

bicchiere/ bottiglia/ etto/ cartone / barattolo/ latina

3. Qual è l'infinito dei verbi "porge" e "preferisco"?

porgere/ preferire

Capitolo 4:

1. Finisci le frasi seguenti:

a) Amo mangiare

b) Mi piace la frutta

c) Mi piacciono i pomodori

d) Voglio bene al mio branco

2. Quale osservazione è giusta?

b) / e) / g) / k)

3. Formula la domanda adatta:

a)   Dove entra Kimi?

b)   Cosa fa Kimi?

c)   Perché Adelina deve aspettare?

d)   Quanto deve aspettare Adelina?

Capitolo 5:

1. Metti l'articolo determinativo adatto:

i / le / le / gli / le / I / il o I / lo / la

Capitolo 6:

1. Quale osservazione è giusta?

c) / e) / f) / l) / n) / p) / r)

2. Qui manca la preposizione:

al / nel / in / all' / sotto / per / al

Capitolo 7:

Tutti gli esercizi: soluzioni varie

Capitolo 8:

2. Vero o falso:

a) F

b) V

c) F

d) F

e) F

f) F

3. Crea delle domande per le risposte seguenti:

a) Che cosa ha Kimi?

b) Cosa vuole fare il pollo?

c) Dove fanno il bagno i maiali?

d) Chi si arrabbia?

e) Che cosa fa Kimi in spiaggia?

4. Quale animale manca?

La gallina / la pecora / maiale / mucca / cavallo / il gatto / il cane

Capitolo 9

Tutti gli esercizi: soluzioni varie

Capitolo 10

3. Mancano le preposizioni:

Per / sull' / dall' / in / di / del / a / nel

4. Bugia o verità?

a) F

b) F

c) F

d) F

e) V

f) F

Capitolo 11

1. Vero o falso:

a) F

b) V

c) F

d) F

e) F

f) V

g) V

3. Cerca il contrario:

sporca / puzzolente / asciutte / vecchio / spolverato

Capitolo 12

1. Cerca l'infinito dei verbi segnalati e cerca di coniugarli.

valere / pulire / sorridere / diminuire

2. Qual è il contrario di diminuire?

aumentare

3. Cosa ami più o meno?

a) più o meno / che

b) più o meno / che

c) più o meno / che

d) al

e) alla